나의 용돈 일기

용돈 초보 재인이 **용돈 관리 박사**가 되다

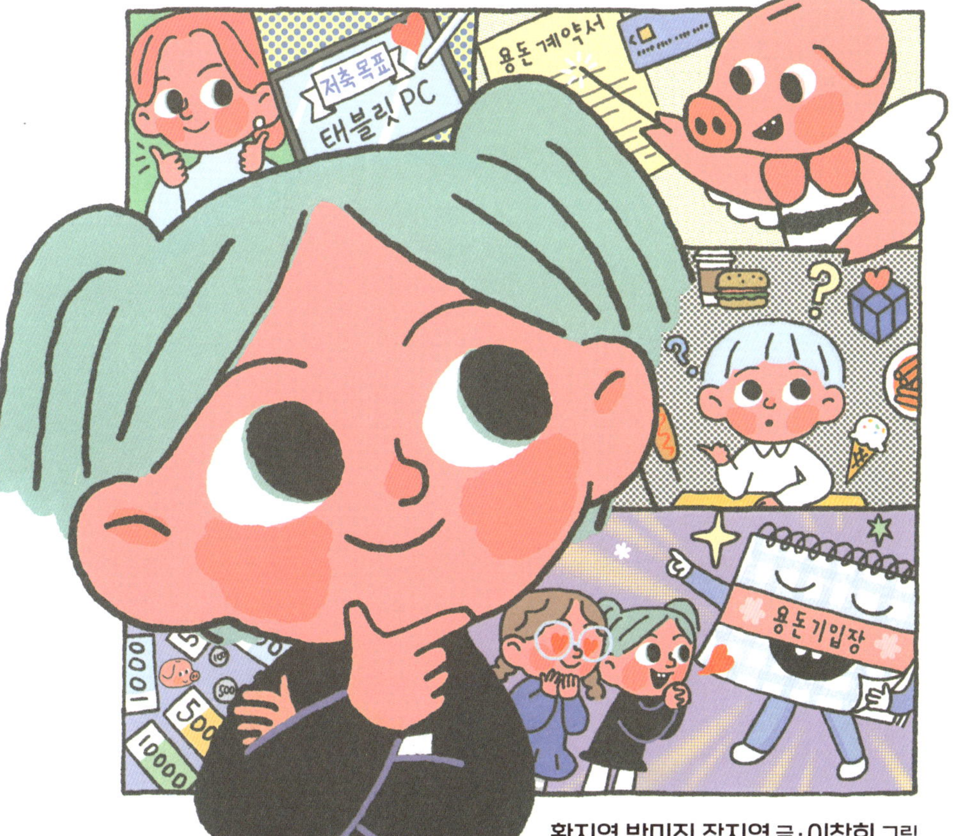

황지영 박미진 장지영 글 · 이창희 그림

나의 용돈일기

자녀에게 경제적 자립 교육을 하지 않아 자녀의 장래도 망치고 자신의 노후 생활에도 어려움을 겪는 부모들이 많습니다. 경제적 자립 교육은 어릴 적 용돈 관리로부터 시작됩니다. 용돈 범위 내에서 스스로 고민하고 결정하는 과정을 통해 자신에게 가장 좋은 방법을 찾는 능력을 키울 수 있기 때문입니다. 이 책은 저자들이 다년간 어린이 경제 교육 현장에서 경험해 온 내용을 토대로 다양한 용돈 관리 방법을 제시하고 있습니다. 자녀 경제 교육에 관심을 가진 부모님들에게도 일독을 권합니다.

– 강창희 행복100세자산관리연구회 대표. 전 미래에셋금융그룹 부회장

아이가 초등학교에 입학했을 때의 일입니다. 돈 관리 교육을 하고 싶어 서점을 찾았는데 딱히 마음에 드는 책이 없었습니다. 부모 혹은 아이들, 어느 한 쪽을 대상으로 한 책이 대부분이었습니다. 같이 읽으면서 대화할 수 있는 것들이 아니었죠. 다행히 이 책은 금융 교육의 첫걸음인 용돈 교육을 중심으로 부모와 아이가 함께 실천할 수 있는 내용들이 가득합니다. 세 살 버릇이 여든까지 간다는 말처럼 어린 시절에 배운 올바른 용돈 교육은 자녀의 미래에 결정적인 역할을 할 수도 있습니다. 자녀의 미래를 생각하는 초등학교 저학년 학부모라면 자녀와 함께 이 책을 꼭 읽었으면 합니다.

– 이상건 미래에셋투자와연금센터장

자녀의 경제 교육을 언제 시작할지 고민 중이신가요? 용돈 관리로 경제 교육을 시작하세요. 용돈 관리는 경제 감각을 익힐 수 있는 효과적인 경제 조기 교육입니다. 용돈 교육을 어떻게 할지 모르시겠다고요? 오랫동안 어린이 경제 교육에 몸담아 온 저자들이 이 책에서 다양하고 실제적인 용돈 관리 방법을 알려 줍니다. 자녀와 함께 실천하면서 경제 감각이 쑥쑥 성장하는 걸 지켜보시기 바랍니다.

– 원해자 초등학교 교장

"그래 바로 이런 책이 필요해!" 이 책을 보자마자 든 생각입니다. 교육에서는 스스로 납득해야 배운 것을 실천하는 힘이 생깁니다. 이 책은 아이들이 용돈을 쓰면서 겪을 실제 상황을 제시하고 차근차근 풀어 나갑니다. 부모님들이 자녀들과 함께 대화하면서 용돈 관리 방법을 납득시키기에 가장 적합한 방식입니다. 게다가 용돈 관리 방법이 실제적이고 구체적이라 실전에 바로 응용할 수 있습니다. 아이와 함께 읽으며 경제 공부를 시작하기에 더없이 훌륭한 책입니다. 제 아이가 어렸을 때 이런 책이 나왔다면 얼마나 좋았을까요!

– 이지영 초등학교 교사

용돈 관리의 세계로 초대합니다!

"용돈 받고 싶은데 어떻게 하면 많이 받을 수 있을까요?"
"용돈이요? 안 받을래요. 귀찮아요. 그냥 엄마 아빠한테 말하면 다 해 주는걸요."

경제 교육을 하면서 만난 어린이들이 들려준 말이에요. 용돈을 받고 싶은 친구도 있고 그렇지 않은 친구도 있네요. 이 책을 쓴 우리는 어린이 여러분에게 용돈을 받으라고 말하고 싶어요. 용돈으로 달콤한 간식부터 친구 생일 선물까지 책임져 보라고 말이죠. 왜 그럴까요?

"우리 아이는 돈 때문에 스트레스를 안 받으면 좋겠어요."
"우리 아이가 경제적으로 자립했으면 좋겠는데 뭐부터 가르쳐야 할지 잘 모르겠어요."

부모님들께서 자주 하시는 말씀이에요. 돈 때문에 스트레스를 받는 부모님들 심정이 숨어 있는 말이지요. 열심히 일해서 돈을 번다고 이런 스트레스가 사라지지는 않아요. 번 돈을 잘 관리하는 능력을 길러야 돈이 주는 스트레스에서 벗어날 수 있어요.

어른이 된다고 돈 관리 능력이 저절로 생기지는 않아요. 무엇이든 연습이 필요하거든요.

용돈을 스스로 관리하는 것이 그런 능력을 키우는 시작이에요. 어떻게 키워야 하는지 걱정하지 마세요. 우리가 어린이 경제 교육을 하면서 갈고닦은 용돈 관리 비법을 이 책에 차곡차곡 담아 놓았으니까요.

이 책의 주인공 재인이와 함께, 그리고 부모님과 함께 의논하면서 하나하나 실천해 나가면 틀림없이 용돈 관리 박사가 될 거예요. 여러분을 응원합니다.

황지영, 박미진, 장지영

차례

추천사 · 4
작가의 말 용돈 관리의 세계로 초대합니다! · 6

1. 나도 용돈이 필요해 · 10
2. 얼마가 적당할까? · 14
3. 1만 원이 얼마큼이지? · 24
4. 아이스크림을 날마다 사 먹으면? · 30
5. 친구 생일 선물을 사요 · 36
6. 용돈을 어디에 썼는지 기록해요 · 40
7. 친구랑 떡볶이를 사 먹었어요 · 46
8. 용돈 좀 더 주세요 · 52
9. 나도 홈 아르바이트를 해 볼까? · 58
10. 저축 계좌를 만들어 볼까? · 64
11. 신용 카드를 쓰고 싶어요 · 72
12. 태블릿 PC를 갖고 싶어요 · 78
13. 세뱃돈은 어디에 있을까? · 84
14. 어떤 태블릿 PC를 살까? · 88
15. 친구에게 돈을 빌려줬어요 · 92
16. 기부를 하고 싶어요 · 96
17. 용돈을 어떻게 썼는지 결산해요 · 102

1. 나도 용돈이 필요해

벌써 세 번이나 엄마에게 이야기했다. 용돈 받고 싶다고.
그런데 아직은 안 된다고 한다. 왜 안 되는 거지?
나도 용돈을 받으면 하고 싶은 일이 많다. 새로 나온 키링도
마음대로 사고, 간식이 먹고 싶을 때 바로 사 먹고 싶다.
엄마 아빠는 좋겠다. 돈이 있어서 하고 싶은 거
마음대로 다 할 수 있으니까 말이다.

돈을 내 마음대로 쓸 수 있으면 얼마나 좋을까?

맛있는 것도 사 먹고, 갖고 싶은 것도 마음껏 사고.

상상만 해도 신나지? 용돈을 받으면 그럴 수 있어.

용돈은 자유롭게 쓸 수 있는 돈이야. 그렇다고 용돈을 막 써도

된단 뜻은 아니야. 돈은 그럴 수 있는 물건이 아니거든.

 돈은 사람들끼리 정한 약속이야.

돈을 주면 필요한 물건이나 다른 사람의 도움을 살 수 있어.

반대로 돈을 받고 나에게 있는 물건이나 능력을 팔 수도 있지.

돈이 아주 많으면 좋겠지?

하지만 한 사람이 가질 수 있는 돈의 양에는 한계가 있어.

용돈도 엄마 아빠가 정해 준 만큼만 받을 수 있어.

그래서 용돈을 마음대로, 함부로, 막 쓰면 안 돼!

엄마 아빠는 돈을 마음대로 쓰는 것처럼 보인다고? 정말 그럴까?

엄마 아빠는 가족이 살아가는 데 필요한 거의 모든 것을 돈을 주고 사.

먹을 음식, 입을 옷, 살 곳은 우리가 사는 데 꼭 필요하니까 당연히 돈을 주고 사야 하지.

 자동차, 자동차에 넣는 연료, 전기 요금, 수도 요금, 냉난방비, 통신비처럼 우리가 매일 쓰는 것에도 돈이 들어.

여기에 여행 경비, 학원비, 병원비, 보험료 등 엄마 아빠는 돈 쓸 데가 아주 넘쳐 나지.

그럼, 엄마 아빠는 돈을   어디서 구할까?

대부분 생활하는 데 필요한 돈은 일을 해서 벌어.

회사에 고용되어 일한 만큼 월급을 받거나 가게나 사업체를

운영해서 이익을 남겨야 해.

일하는 시간과 능력에 따라 더 많이, 더 적게 벌기도 하지만

아무리 일을 열심히 해도 한 사람이 벌 수 있는 돈은 한계가 있어.

그러니 엄마 아빠도 돈을 마음대로 펑펑 쓰지는 못하지.

엄마 아빠가 재인이한테 주는 용돈도 무한하지 않아.

정한 만큼만 받을 수 있지. 그러니까 용돈을 받고 싶다면

용돈을 관리하는 방법부터 배워야 해.

그럼, 이제 시작해 볼까?

2. 얼마가 적당할까?

용돈으로 얼마가 적당할까? 꼭 필요한 만큼만 받아야겠지?
그러려면 먼저 어디에 돈이 들어가는지 알아야 해.

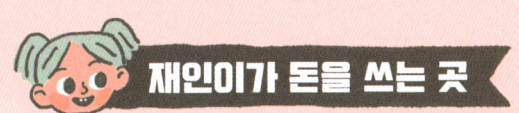 재인이가 돈을 쓰는 곳

가족과 친구 선물　　간식비　　교통비

 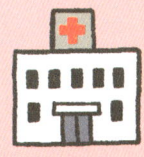  
의류비　　병원 진료비　　학원비　　미용비

돈을 쓸 데가 정말 많네. 이걸 다 용돈으로 해결하려면 엄청 많이 받아야겠는걸. 용돈을 얼마로 할지 정해 볼까?

 **용돈 정하기 3단계!**

1단계 기간

하루에 한 번씩 용돈을 받으면 깜빡 잊고 못 받은 날이 생길 수도 있고, 매일 용돈 달라고 말하는 게 번거로울 수도 있어.

그렇다고 용돈을 한 달에 한 번씩 받으면 관리가 힘들지도 몰라. 스스로 용돈 사용 계획을 세우고 계획대로 실천해 보려면, 일주일에 한 번씩 받는 게 적당해. 그러다 용돈 관리를 잘하게 되면 2주, 한 달로 천천히 기간을 늘려 봐.

나는 일주일에 한 번 용돈을 받고 싶어!

2단계 용돈 사용 범위

용돈 사용 범위를 정하려면 먼저 정해진 기간 동안 무얼 하는지, 특별한 일이 있는지 확인해야 해.

학원비나 병원 진료비, 미용비처럼 큰돈까지 용돈에 넣으면 액수가 너무 커져서 관리하기 힘들어. 큰돈이 들어가는 일은 엄마 아빠한테 맡기고 간식비처럼 적은 금액만 용돈으로 10000 받아 관리하는 게 좋아.

재인이는 일주일 동안의 생활을 정리했어. 그러면서 용돈을 쓸 일이 무엇인지 표시해 보았어.

월	학교, 방과 후 수업, 태권도 학원, 집
화	학교, 음악 학원, 간식*, 태권도 학원, 집
수	학교, 방과 후 수업, 태권도 학원, 집
목	학교, 음악 학원, 간식*, 태권도 학원, 집
금	학교, 방과 후 수업, 태권도 학원, 집
토	버스* 타고 인라인스케이트 수업, 간식*
일	가족과 함께

재인이는 간식을 사 먹고, 버스를 탈 때 용돈이 필요하겠구나. 친구나 가족 생일 선물을 사야 할 일도 있겠지? 이런 상황을 대비해서 예비비를 더해서 용돈을 받아. 예비비는 예상하지 못한 일이 생겼을 때 쓸 돈이야.

3단계 금액

정해진 기간에 쓸 돈을 계산해서 용돈을 정해.

재인이는 인라인스케이트 수업 갈 때 버스비는 엄마가 충전해 주는 교통 카드로 쓰기로 했어. 간식비와 예비비만 용돈으로 받기로 했지. 간식비와 예비비로 얼마를 쓸지 정하고, 횟수만큼 곱해서 계산하면 일주일 용돈으로 얼마가 적당한지 알 수 있어.

- ▶ 태권도 학원 전 간식 2000원 x 2 번 = **4000원**
- ▶ 인라인스케이트 수업 후 간식 **4000원**
- ▶ 예비비 **2000원**

합계 4000원 + 4000원 + 2000원 = **1만 원**

재인이 용돈은 일주일에 1만 원으로 결정!

재인이의 용돈 계약서

1단계부터 3단계까지 부모님과 함께 용돈을 정했으면 용돈 계약서를 써서 정리해 봐.

용돈 계약서에는 언제 얼마를 받아서, 어디에 얼마를 쓸지 약속한 내용을 기록해. 어른들이 주시는 특별 용돈과 다른 수입이 생길 때는 어떻게 할지 적는 것도 좋겠지?

재인이가 용돈을 아껴서 저축을 하면 부모님께서 저축상을 주기로 하셨어. 재인이처럼 부모님과 맺은 특별한 약속도 용돈 계약서에 넣는 게 좋아.

재인이의 용돈 계약서

1. 부모님은 재인이에게 매주 일요일에 용돈 **1만 원**을 주기로 약속합니다.

2. 용돈에는 아래 내용이 포함되며, 특별한 이유 없이 용돈을 추가로 요청할 수 없습니다.
    - 태권도 학원 전 간식(분식집/편의점) 2000원 × 2 번 = **4000원**
    - 인라인스케이트 수업 후 간식(과자+음료수) **4000원**
    - 예비비 **2000원**

3. 친척 어른이 주시는 **특별 용돈**은 **1만 원**까지는 재인이가 관리하고, 그보다 많은 돈은 부모님께 맡깁니다.

4. 재인이는 용돈을 잘 관리하여 저축하도록 노력합니다. 저축을 하면 부모님이 주시는 **특별 이자**를 받을 수 있습니다.

5. 용돈 금액은 정당한 이유가 있을 때 가족회의를 해서 재협상할 수 있습니다.

6. 부모님은 정해진 날짜에 용돈을 지급하며, 재인이가 용돈을 잘 관리할 수 있도록 도와줍니다.

7. 재인이는 용돈을 허투루 쓰지 않고, 책임지고 관리합니다.

부모님:

재인이:

다른 친구들은 용돈을 어떻게 받을까?

재우

- 초등학교 3학년
- 용돈 생활 3개월째
- 부모님 퇴근이 늦음 돌봄 선생님이 오시지만 매일 저녁 7시 부모님 퇴근 전까지 필요한 간식은 스스로 해결해야 함
- 용돈 기간: 2주
- 용돈 받는 날: 2주마다 월요일

용돈 항목과 금액
- 평일 간식비: 3000원 x 10회 = 3만 원
- 버스 카드 충전: 1만 원
- 장수풍뎅이 간식비: 5000원
- 예비비: 5000원
- 총 5만 원 / 2주

두진

- 초등학교 4학년
- 용돈 생활 1년째
- 부모님 퇴근이 늦음 오후 6시 30분까지 집에 혼자 있어야 함. 매일 3~4시 사이 간식 시간
- 토요일 축구 끝나고 친구들과 분식집 점심
- 용돈 기간: 한 달
- 용돈 받는 날: 매달 1일

용돈 항목과 금액
- 평일 간식비: 3000원 X 20일 = 6만 원
- 주말 간식비: 5000원 X 4일 = 2만 원
- 저축 및 기부: 1만 5000원
- 예비비: 5000원
- 총 10만 원 / 한 달

민아

- 초등학교 2학년
- 용돈 첫 도전!
- 특별히 혼자 돈을 쓸 일이 없음
- 용돈 기간: 1주
- 용돈 받는 날: 매주 월요일
- 용돈 항목과 금액: 정해진 항목 없음
  친구와 가족 생일 선물은 용돈에서 구입
- 예비비: 5000원
- 총 5000원 / 1주

3. 1만 원이 얼마큼이지?

1만 원으로 재인이처럼 아이스크림을 사 먹을 수도 있고, 문구점에서 예쁜 필통을 살 수도 있어. 1만 원으로 하루에 하나씩 아이스크림을 사 먹는다면 10일 동안 사 먹을 수 있고, 필통을 산다면 하루에 다 써 버릴 수도 있지.

1만 원으로 살 수 있는 게 참 많지? 이만큼이 바로 1만 원의 가치야.

1만 원의 가치를 반대로 생각해 볼 수도 있어.

1만 원을 벌려면 어떻게 해야 할까?

재인이 고모는 샌드위치 가게를 해. 고모가 1만 원을 벌려면 얼마나 일해야 할까? 고모네 가게 샌드위치는 5000원이야. 샌드위치 2개를 팔면 1만 원을 벌어. 아니지, 재료비를 빼야지. 샌드위치를 만드는 데 드는 전기, 물, 그리고 가게 임대료도 빼야 해. 다 빼고 나면 샌드위치 하나를 만들어 팔아서 2500원이 남아. 1만 원은 고모가 샌드위치 4개를 팔아야 벌 수 있는 돈이야.

시간으로 계산해 볼까? 재인이 고모네 가게에서 일하는 언니는 한 시간 동안 일해야 1만 원을 벌 수 있어.

언니가 한 시간 동안 무슨 일을 하는지 살펴볼까?

12시부터 1시까지 손님이 가장 많은 시간이야. 50명쯤 방문하지.

손님이 떠난 테이블을 닦고 설거지도 해. 한 시간 동안 정말 정신없이 일할 거야.

언니는 샌드위치 50개를 접시에 담거나 포장해.

매장 안에서 먹고 가는 손님에게는 음식을 담아서 테이블로 가져다줘.

포장 주문이 들어오면 음식을 일회용 그릇에 담아 포장해.

음료 만들기는 언니 몫이야. 한 시간 동안 거의 50잔을 만들어.

일하지 않고 가만히 있어도
돈을 버는 방법이 있어.

바로 은행에 돈을 맡기고 이자를 받는 거지.

이자는 오르락내리락하지만, 대체로 1만 원을 이자로 받으려면
100만 원을 세 달 정도 은행에 맡겨야 해.

은행에 세 달 동안 돈을 맡긴다는 건 그동안 한 푼도 쓰지 못한다는
뜻이야. 또 그러려면
100만 원을 모아야
하잖아. 그게 얼마나
어려운 일인지 용돈
관리를 해 보면 알 거야.

재인이가 일주일 용돈으로
받는 1만 원이 얼마큼인지 이제
알겠니? 할 수 있는 게 많기도 하고,
1시간 동안 부지런히 일해야 벌 수 있으니까
꽤 많은 돈이지. 그만큼 어떻게 쓰는 게
좋을지 잘 생각해야 한다는 뜻!

4. 아이스크림을 날마다 사 먹으면?

재인이가 용돈 받은 첫날에 아이스크림에다가 젤리까지 사 먹었어.
이렇게 날마다 사 먹으면 엄청 행복하겠지?

그렇지만 아이스크림과 젤리는 공짜가 아니야. 돈을 내고 사 먹는
거니까 날마다 사 먹으면 용돈은 순식간에 사라지겠지?
어쩌면 돈이 진짜 필요한 순간에 쓸 돈이 없을지도 몰라.
그래서 용돈은 계획적으로 써야 해.

용돈 계획은 말 그대로 용돈을 어떻게 쓸지 계획하는 거야.
용돈이 언제 얼마나 들어오고, 들어온 돈을 어디에 얼마나 쓸지
미리 생각해 보는 거지. 한번 같이 해 볼래?

용돈 받으니까 정말 좋다.

 첫째, 내 용돈 확인하기

용돈 계획을 세울 때 가장 먼저 할 일은 용돈이 얼마인지 확인하는 거야. 내가 가진 돈보다 더 많이 쓸 수는 없으니까 당연한 거겠지?

재인이는 일주일 용돈이 1만 원이야. 만약 이번 주에 할머니가 오셔서 특별 용돈 5000원을 주셨다면, 재인이가 이번 주에 쓸 수 있는 용돈은 바로, 재인이 용돈 1만 원 + 특별 용돈 5000원 = 1만 5000원!

둘째, 날짜와 항목별로 금액 나누기

용돈을 확인한 다음엔, 어디에 쓸지 나눠서 계산해야 해.

재인이는 용돈을 간식비와 예비비로 쓰기로 했어.

> 먼저 간식비는 화요일, 목요일, 토요일에 쓰고, 일요일에 아빠 생신이 있으니까 예비비로 선물을 사야겠다.

월	학교, 방과 후 수업, 태권도 학원, 집
화	학교, 음악 학원, 간식(2000원), 태권도 학원, 집
수	학교, 방과 후 수업, 태권도 학원, 집
목	학교, 음악 학원, 간식(2000원), 태권도 학원, 집
금	학교, 방과 후 수업, 태권도 학원, 집
토	버스 타고 인라인스케이트 수업, 간식(4000원)
일	가족과 함께, 아빠 생신 선물(7000원)

셋째, 아낄 수 있는 곳 찾기

저축을 계획하고 있다면 용돈을 아낄 수 있는 부분을 찾아야 해. 친구들과 간식을 사 먹기로 했지만, 이번 주에는 집에 있는 간식을 먹고 간식비 한 번을 아껴 저축을 하면 어떨까? 많이는 부담스러우니까 매주 아낄 수 있는 곳을 찾아 꼬박꼬박 저축하는 연습을 해 보자.

들어올 돈	나갈 돈	저축
일주일 용돈 1만 원	**화, 목요일 태권도 학원 전 간식** 2000원 × 2번 = 4000원 **토요일 인라인스케이트 수업 후 간식** 이번 주는 할머니가 사다 주신 과자와 음료수 가져가야지! 0원 4000원 + 0원 = 4000원	4000원 토요일 간식비 아껴서 저축 성공!
할머니 특별 용돈 5000원	**선물 양말 두 켤레** 5000원 **편지지 + 포장지** 2000원 5000원 + 2000원 = 7000원	
합계 : 1만 5000원	합계 : 1만 1000원	

용돈 계획은 용돈을 받기 전에
미리 하는 게 좋아. 그래야 계획을
지키기 쉽거든. 스스로 계획을 세우고
지키는 멋진 습관을 용돈 관리로
시작해 봐.

5. 친구 생일 선물을 사요

용돈을 쓰다 보면 늘 계획대로만 되지는 않아. 그래서 예비비가 필요해.

예비비가 있으면 예상하지 못한 친구 생일이나 계획에 없던 돈을 쓸 일이 생겼을 때 대비할 수 있어. 부모님이 집안 살림을 꾸릴 때나 정부에서 나라 살림을 운영할 때도 예비비가 있지.

그런데 예비비만으로 해결할 수 없는 상황이 생기면 어떻게 해야 할까? 재인이처럼 친구에게 주고 싶은 선물이 예비비보다 비쌀 때 말이야. 그럴 땐 용돈 계획을 조정하면 돼. 용돈 쓸 곳과 금액의 우선순위를 조정해서 문제를 해결하는 거야.

우선순위는 무엇이 꼭 필요한지, 더 중요한지, 더 급한지 순서를 정하는 거야. 재인이 용돈으로 우선순위 정하기를 한번 해 볼까? 우선순위를 정하려면 용돈 사용 항목 중에서 어떤 것이 중요한지 따져 봐야 해.

> 무엇이 중요한지 사람마다 다를 수 있어. 재인이는 어떻게 생각했는지 들어 볼까?

용돈 사용 항목

- 화요일, 목요일 간식
- 토요일 간식
- 지수 생일 선물
- 저축

이번 주 재인이 용돈의 우선순위

1순위 지수 생일 선물
지수는 가장 친구이고 생일은 1년에 딱 한 번이니까 진짜진짜 중요해.

2순위 화요일, 목요일 간식
간식을 안 먹으면 태권도 배울 때 힘이 없어서 곤란해.

3순위 저축
저축한 돈으로 사고 싶은 게 있어서 빼먹을 수 없어.

4순위 토요일 간식
집에 있는 과자를 가지고 가도 될 거 같아.

> 토요일 간식비 2000원을 줄여서 지수 생일 선물을 사자!

재인이는 토요일 간식비를 줄여 1순위인 지수가 좋아하는 선물을 사기로 결정했어. 이렇게 해서 지수 생일 선물 문제는 간단히 해결! 재인이처럼 고민이 생기면 우선순위를 정해 봐. 평소에 우선순위를 정하는 습관을 들이면 문제가 생겼을 때 현명하게 선택할 수 있어.

6. 용돈을 어디에 썼는지 기록해요

재인이처럼 계획대로 용돈을 썼는데도 어디에 얼마를 썼는지 헷갈릴 때가 있어. 돈을 써야 할 때 돈이 부족하기도 하고 말이야. 용돈을 잘 관리하겠다고 다짐했는데 이런 일이 생기면 참 곤란하겠지?
이렇게 곤란한 상황이 생기지 않게 용돈을 잘 관리하는 방법이 있어. 바로 용돈 기입장을 쓰는 거야.

용돈 기입장에는 돈이 들어오고 나간 날짜와 금액, 내용을 적어. 용돈을 어떻게 썼는지 한눈에 볼 수 있지. 또 용돈을 계획대로 잘 썼는지 확인하고, 다음 용돈을 어떻게 쓸지 미리 생각해 볼 수도 있어. 스스로 돈을 관리하는 능력을 키우는 좋은 방법이야.

지수 용돈 기입장을 보면서 용돈 기입장 쓰는 방법을 알아볼까?

- 3월 5일: 일주일 용돈 1만 원을  받았어요.

- 3월 6일: 간식으로 1500원짜리 왕꿈틀이 젤리를 사 먹었어요. 고모가 용돈으로 1만 원을 주셨어요.

- 3월 8일: 재인이랑 뽑기를 2000원어치 했어요.

- 3월 9일: 준비물로 3500원짜리 색연필을 샀어요.

- 3월 11일: 1만 원을  저축했어요.

지수는 일주일 동안 용돈을 이렇게 썼대. 정리는 잘한 것 같은데 어디에 얼마를 썼고, 언제 얼마가 들어왔는지 한눈에 잘 들어오지 않지?

같은 내용을 용돈 기입장에 정리해 보자.

날짜	내용	들어온 돈	나간 돈	❸ 남은 돈
❶ 3월 5일	일주일 용돈	10,000원	–	10,000원
❷ 3월 6일	왕꿈틀이 젤리	–	1,500원	8,500원
❹ 3월 6일	고모 용돈	10,000원	–	18,500원
❺ 3월 8일	뽑기	–	2,000원	16,500원
3월 9일	색연필		3,500원	13,000원
3월 11일	저축	–	10,000원	3,000원
결산		20,000원	17,000원	3,000원

❶ 3월 5일에 용돈 1만 원을 받았으니까 내용에 '일주일 용돈', 들어온 돈에 '1만 원'이라고 써.

❷ 3월 6일에 간식비를 썼네. 내용에 '왕꿈틀이 젤리', 나간 돈에 '1500원'을 써야 해.

❸ 갖고 있던 돈에서 들어온 돈은 더하고, 나간 돈은 빼서 '남은 돈'에 기록해.

❹ 3월 6일에 고모가 용돈을 주셨구나. 같은 날짜라도 내용이 다르니까 다음 줄에 기록해. 내용에 '고모 용돈', 들어온 돈에 '1만 원'.

❺ 3월 8일에 뽑기와 3월 9일 색연필, 3월 11일 저축도 이렇게 정리할 수 있어.

용돈 기입장 마지막에는 '결산'이 있어. 결산은 정해진 기간 동안 나간 돈과 들어온 돈을 모두 계산하는 거야. 용돈을 일주일에 한 번 받는다면 일주일마다 결산하면 돼.

결산을 하면 용돈을 계획대로 잘 썼는지 확인할 수 있어. 계획을 지키지 못했다면 어떤 점을 고쳐야 하는지 알 수도 있지.

지수는 일주일 동안 2만 원을 받아서 7000원은 쓰고, 1만 원은  저축했어. 들어온 돈에 비해 쓴 돈은 적고, 저축을 많이 했네. 대단하다!

재인이도 두 번째로 받은 용돈부터 용돈 기입장을 쓰기로 했어.

이렇게 용돈을 계획하고, 우선순위를 정해 잘 쓴 다음, 기록하고 결산하는 게 용돈 관리야. 이제 용돈 관리, 자신 있지?

재인이의 용돈 기입장

날짜	내용	들어온 돈	나간 돈	남은 돈
3월 15일(일)	일주일 용돈	10,000원	-	10,000원
3월 15일(일)	지수 생일 선물	-	4,000원	6,000원

결산

7. 친구랑 떡볶이를 사 먹었어요

친구들과 함께 간식을 사 먹을 때 유난히 인심을 쓰는 친구가 있어.
"오늘은 내가 살게." 하고 멋지게 계산을 하고 나면
갑자기 돈을 많이 써서 용돈이 부족해질 수 있지.

또 '다음번에는 친구가 사 주지 않을까?' 하고 기대하다가
사 주지 않으면 '나는 사 줬는데, 친구는 왜 안 사 주지?' 하고
실망할 수도 있어. 좋은 마음으로 샀다가 속상할 수도 있겠지?

그래서 아무리 친한 친구라도 '머니 에티켓'을 꼭 지켜야 해.
에티켓은 '예절'을 말하는데, 돈과 관련된 예절이 머니 에티켓이야.
지금부터 머니 에티켓을 하나씩 알아볼까?

1. 더치페이를 하자.

더치페이는 돈을 따로따로 각자 내는 거야. 재인이와 민준이처럼 같이 떡볶이를 사 먹었어도 돈을 낼 때는 똑같이 나눠서 내는 거지. 한턱내겠다고 미리 계획한 게 아니라면 더치페이를 하는 게 좋아. 친할수록 불편한 상황이 생기지 않도록 돈거래는 정확하게 해야 하거든.

2. 친구에게 공짜를 바라지 말자.

어떤 친구가 있어.

그 친구는 친구와 간식을

먹을 때마다 '친구가 사 주겠지?',

'내 돈은 안 쓰고, 한 입만 얻어먹을까?'

이렇게 공짜를 바랐대.

만약 내 친구도 이런 생각을 하고 있다면 기분이 어떨까?

아주 가끔은 '그럴 수 있지.'라고 생각하며 내 것을 나눠 줄 수

있지만 자꾸 반복되면 왠지 손해 보는 기분이 들지도 몰라.

그러다 그 친구가 불편해지고 나중에는 피하게 될 수도 있어.

그러니까 친구끼리는 공짜를 바라면 안 돼.

3. 필요 없는 인심을 쓰지 말자.

"오늘 지수랑 놀고 싶은데, 아이스크림 사 주면서 같이 놀자고 해야겠다."

"민준이가 좋아하는 선물을 잔뜩 사 주면 민준이가 날 더 좋아하겠지?"

재인이 생각이 어때 보여? 좋은 마음으로 친구들에게 간식과 선물을 베풀어도 이런 행동이 계속되면 친구들은 재인이가 베푸는 걸 당연하게 여길지도 몰라. 게다가 뜻대로 안 되면 실망할 수도 있지.

친구는 돈으로 사귀는 게 아니야. 돈이 우정을 지켜 주진 않아. 이제 머니 에티켓이 뭔지 알겠지? 머니 에티켓으로 용돈 관리도, 우정도 잘 지켜 줘.

재인이의 용돈 기입장

날짜	내용	들어온 돈	나간 돈	남은 돈
3월 15일(일)	일주일 용돈	10,000원	-	10,000원
3월 15일(일)	지수 생일 선물	-	4,000원	6,000원
3월 17일(화)	떡볶이	-	2,000원	4,000원

결산

8. 용돈 좀 더 주세요

아무래도 용돈이 부족한 것 같다.
지난번에 지수가 떡볶이를 사 줘서 오늘은 내가 컵 빙수를 샀다. 3000원이나 썼다.
다음 용돈을 받으려면 3일이나 남았는데 남은 용돈이 1000원뿐이다. 지난번에 지수 생일 선물 살 때도 돈이 모자랐는데…. 나는 왜 계속 용돈이 부족할까?

용돈 계획을 세우고 잘 지키는데도 용돈을 쓰다 보면 부족하게 느껴질 때가 많아. 열심히 노력했는데도 용돈 관리가 잘되지 않으면 속상하기도 하지. 그렇다고 중간에 포기하면 안 돼. 극복할 방법이 있거든. 바로 용돈 재협상!

용돈 계약서 5번을 봐. 용돈이 한두 번 부족한 게 아니라 매주 부족하다면 처음에 정한 용돈이 현실과 맞지 않는 거야.
그럴 땐 부모님께 용돈 재협상을 요청해야 해.

협상은 상대방과 의논해서 내가 원하는 것을 얻는 과정이야.
한 번 맺은 약속을 바꾸기는 쉽지 않으니까 부모님과 용돈 재협상을 하기 위해서는 몇 가지 준비가 필요해.

1. 용돈 계획을 잘 지켰는지 확인하기

지금까지 작성한 용돈 기입장을 살펴보고, 용돈을 계획대로 잘 썼는지 확인해야 해. 용돈 계약서를 바탕으로 용돈 계획을 세웠으니까 잘 지켰다면 용돈이 부족할 리가 없거든.

날짜	내용	들어온 돈	나간 돈	남은 돈
3월 15일	일주일 용돈	10,000원	-	10,000원
3월 15일	지수 생일 선물	-	4,000원	6,000원
3월 17일	떡볶이	-	2,000원	4,000원
3월 19일	컵 빙수	-	3,000원	1,000원

재인이 용돈 기입장을 보니 지수 생일 선물 사는 데 예비비 2000원보다 2000원이 더 들었어. 게다가 목요일 간식비는 2000원으로 계획했는데 1000원을 더 썼어. 토요일에도 간식비가 필요한데 1000원밖에 안 남았네.

이런 일은 얼마든지 생길 수 있잖아? 재인이가 예상했던 것보다 용돈이 더 필요해.

2. 더 쓴 용돈 정리하기

부모님을 설득하려면 용돈이 어디에 얼마나 더 필요한지 정리해야 해.

재인이가 용돈 계획보다 더 쓴 부분은 예비비와 간식비야.

그리고 저축도 할 수 없는 상황이지.

일주일 용돈 계획	- 간식 3번 7000원 - 친구와 가족 생일 선물 등 예비비 2000원 - 간식비 아껴서 저축 1000원
5일 동안 실제로 쓴 용돈	- 간식 2번 5000원 - 친구 생일 선물(예비비) 4000원 - 남은 돈 1000원
더 필요한 용돈	예비비 2000원 +간식비 1000원 +저축 1000원 = 총 4000원

음, 용돈을 4000원 올려 달라고 협상해야겠어.

3. 용돈 재협상 항목과 금액 정리하기

재인이는 예비비와 저축이 부족해. 그리고 간식비도 좀 모자라지.

그러니까 용돈을 4000원 올려 달라고 협상하는 게 좋겠지?

협상할 때는 절대로 떼를 쓰거나 억지를 부리면 안 돼. 협상은

서로가 서로의 이야기를 잘 들으면서 설득하는 과정이거든.

지금까지 용돈을 어떻게 사용해 왔고, 앞으로 어떻게 사용하고

싶은지, 왜 추가 용돈이 필요한지 천천히 하나씩 설명하다 보면

원하는 결과를 얻을 수 있을 거야.

부모님이 재인이 용돈을 3000원 올려 주기로 했어. 원래 협상에서

자기가 원하는 걸 모두 얻을 수는 없지.

용돈 재협상이 마무리되면 용돈 계약서를 수정해.

어렵게 얻은 기회니까 이제부터는 더욱 철저히 용돈을 관리해야 해.

재인이의 용돈 기입장

날짜	내용	들어온 돈	나간 돈	남은 돈
3월 15일(일)	일주일 용돈	10,000원	-	10,000원
3월 15일(일)	지수 생일 선물	-	4,000원	6,000원
3월 17일(화)	떡볶이	-	2,000원	4,000원
3월 19일(목)	컵 빙수	-	3,000원	1,000원
3월 20일(금)	용돈 재협상	3,000원	-	4,000원

결산

> 용돈 3000원이 올랐어. 이제부터 일주일 용돈은 13000원!

9. 나도 홈 아르바이트를 해 볼까?

용돈이 부족하면 '홈 아르바이트'를 해서 해결할 수 있어.

홈 아르바이트는 집안일을 돕고 돈을 버는 거야.

공부, 학원 숙제, 독서처럼 당연히 해야 하는 일은

홈 아르바이트에 해당하지 않아.

신발 정리하기, 분리수거 돕기, 식사 준비나 설거지 돕기, 휴지통

비우기처럼 간단한 집안일은 얼마든지 할 수 있겠지?

그런데 간단한 집안일이라고 해도 절대 대충 하면 안 돼.

홈 아르바이트는 돈을 받고 하는 일이니까 책임을 져야 해.

만만하게 시작할 일이 아니야. 제대로 할 각오가 단단히 되었으면

홈 아르바이트를 시작해 볼까?

홈 아르바이트를 하려면 먼저 도움이 필요한 일을 알아보고 대가를 정해야 해. 가족들에게 물어보면 알 수 있겠지? 가족들에게 도움이 필요한 일이 무엇인지 알아봐.

그런 다음 일하는 데 걸리는 시간과 노력을 따져서 얼마를 받을지 결정해야 해. 힘이 많이 들고 시간이 오래 걸리는 일이나 다른 사람이 하기 싫어하는 일은 대가를 더 받을 수 있어.

재인이가 가족들과 정한 홈 아르바이트 내용을 같이 볼까?

신발 정리하기
500원

재활용 쓰레기 버리기
1000원

강아지 산책
1000원

식사 준비 돕기
500원

휴지통 비우기
500원

다음은 홈 아르바이트를 기록하고 대가를 받는 방식을 정해야 해. 일할 때마다 돈을 받으면 관리도 잘 안되고, 적은 돈이라서 쉽게 써 버릴 수 있어. 민준이처럼 홈 아르바이트를 할 때마다 확인을 받고 정해진 날에 일한 만큼 대가를 받는 게 좋아.
재인이는 매주 토요일에 일주일 동안 일한 대가를 받기로 했어.

자, 이제 홈 아르바이트에 필요한 내용은 다 결정이 되었어.
홈 아르바이트가 정해진 후에는 일을 맡긴 사람에게 신뢰를 잃지 않도록 최선을 다해야 해. 약속한 일을 끝까지 책임지는 멋진 홈 아르바이트생이 될 수 있겠지?

재인이의 용돈 기입장

날짜	내용	들어온 돈	나간 돈	남은 돈
3월 15일(일)	일주일 용돈	10,000원	-	10,000원
3월 15일(일)	지수 생일 선물	-	4,000원	6,000원
3월 17일(화)	떡볶이	-	2,000원	4,000원
3월 19일(목)	컵 빙수	-	3,000원	1,000원
3월 20일(금)	용돈 재협상	3,000원	-	4,000원
3월 21일(토)	빵		2,000원	2,000원
3월 21일(토)	홈 아르바이트	1,000원	-	3,000원

결산

10. 저축 계좌를 만들어 볼까?

3월 25일 수요일 　 오늘의 기분 😊 😑 😢 😠

와! 많이 모였다!!!

재인아, 은행에 저축하는 게 어떨까?

홈 아르바이트는 정말 재밌다.
집안일을 도우면서 돈도 버니까 신난다.
홈 아르바이트를 열심히 했더니 저금통에 돈이 점점 쌓이기 시작했다.
할머니는 돈을 모을 때 은행에 저축하는 게 좋다고 하셨는데, 나도 은행에 가 볼까?

꿀꿀은행

어서 오세요!

재인이처럼 용돈이 남으면 어떻게 하는 게 좋을까?
가장 먼저 생각나는 건 저축이야. 내 통장을 만들어서 돈을 넣었다가 필요할 때 다시 찾아 쓰는 거지.

은행에 통장을 만들어서 저축을 하면 돈을 안전하게 보관할 수 있고, 돈이 부족할 때를 대비할 수도 있어. 또 저축한 만큼 이자도 받을 수 있어. 이자는 은행에 돈을 맡긴 대가로 받는 돈이야.

내 이름으로 된 통장을 만든다니 왠지 뿌듯하지 않니?
자 이제부터 통장을 만들어 볼까?

은행에서 통장을 만들려면 필요한 서류가 있어.
통장을 만들기 전에 미리 준비해 두면 좋아.

필요한 서류

1. 부모님(보호자)과의 관계를 증명하기 위한 가족 관계 증명서
   : 주민 등록 번호가 모두 공개된, 3개월 이내에 발급한 증명서
2. 나의 정보를 담고 있는 기본 증명서
   : 주민 등록 번호가 모두 공개된, 3개월 이내에 발급한 증명서
3. 함께 방문한 부모님(보호자)의 신분증과 휴대폰
4. 부모님(보호자) 또는 나의 도장

돈을 어떻게 관리하고 싶은지에 따라 통장 종류가 달라. 재인이처럼 용돈을 아껴서 저축할 때는 보통 예금 통장이 알맞아. 보통 예금 통장에는 아무 때나 돈을 넣을 수 있고, 아무 때나 찾을 수 있어. 통장에 넣을 돈의 액수도 마음대로 정할 수 있지. 용돈을 아껴서 모은 돈을 그때그때 넣어 두기 좋겠지?

통장 종류를 결정했으면 은행을 직접 방문해서 통장을 만들지, 온라인으로 통장을 만들지 결정해.

1. 은행을 직접 방문해서 통장을 만드는 방법

은행은 쉽게 이용할 수 있도록 집이나 학교에서 가까운 곳으로 정하는 것이 좋아. 은행을 정했다면 가입에 필요한 서류를 준비해서 부모님이나 보호자와 함께 은행을 방문해.

1 지점 입구에 있는 기계에서 번호표를 뽑고,

2 자기 순서가 되면 계좌 개설 신청서를 써.

3 신청서를 다 쓰면 은행에서 요청하는 서류와 함께 창구 직원에게 줘.

4 비밀번호를 정해. 생일이나 1111, 1234처럼 남들이 쉽게 알 수 있는 숫자는 비밀번호로 사용할 수 없어. 나는 잘 기억할 수 있지만, 다른 사람은 모르는 번호로 정하는 것이 좋아.

5 통장 만들기 성공!

2. 은행 앱으로 통장 만드는 방법

1. 은행 앱을 설치하고, 본인 인증을 해야 해. 내 휴대폰이 있으면 내 이름으로 할 수 있고, 없으면 부모님의 도움을 받아.

2. 앱을 사용하는 데 필요한 약속을 적은 약관을 읽고, 동의한 다음 나의 정보를 입력해.

3. 법정 대리인인 부모님의 신분증으로 신원을 확인할 거야. 그런 다음 가족관계 증명서와 기본 증명서로 부모님과 나의 관계를 확인해.

4. 계좌를 만드는 목적에는 '용돈 관리'라고 하면 돼.

5. 은행이 통장을 만들기에 적합한지 심사해.

6. 심사에 통과하면 계좌를 받고, 비밀번호를 설정해.

7. 통장 만들기 완성!

통장을 만들었으면 통장을 보는 방법도 알아야겠지?

통장의 앞면에는 가입한 저축 상품 이름과 계좌 번호, 가입 날짜, 통장을 만든 지점 정보가 적혀 있어.

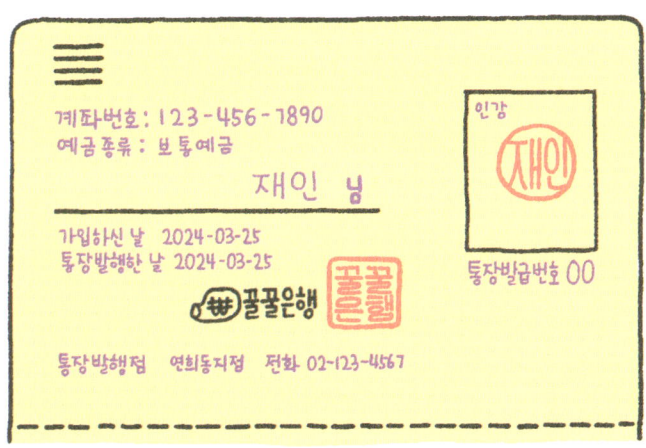

다음 장에는 맡긴 돈과 찾은 돈, 그리고 지금 남아 있는 잔액이 날짜별로 표시되어 있어. 용돈 기입장이랑 비슷하지?

행	거래일	내 용	찾으신 금액	맡기신 금액	남은 금액	취리점
	3월 25일	첫 번째 저축		7,000원	7,000원	

통장 앞면에 저축을 하는 목표와 목표 금액을 적어 둬.

통장 앞에 목표와 금액을 적어 놓으면 목표를 달성하기 위해 좀 더 노력하게 되거든.

주의 사항

통장에는 개인 정보가 담겨 있으므로 잃어버리지 않게 잘 보관해야 해. 스스로 관리하기가 어렵다면 부모님께 맡겨서 관리를 부탁하다가 필요할 때 받는 것도 좋은 방법이야.
최근에는 다른 사람 통장을 보이스 피싱 같은 범죄에 이용하는 일이 많아. 만약 통장을 잃어버렸으면 빨리 은행에 알리고, 통장을 사용할 수 없도록 해야 해.

재인이의 용돈 기입장

날짜	내용	들어온 돈	나간 돈	남은 돈
3월 15일(일)	일주일 용돈	10,000원	-	10,000원
3월 15일(일)	지수 생일 선물	-	4,000원	6,000원
3월 17일(화)	떡볶이	-	2,000원	4,000원
3월 19일(목)	컵 빙수	-	3,000원	1,000원
3월 20일(금)	용돈 재협상	3,000원	-	4,000원
3월 21일(토)	빵		2,000원	2,000원
3월 21일(토)	홈 아르바이트	1,000원	-	3,000원
	결산	14,000원	11,000원	3,000원
3월 22일(일)	지난주 남은 돈	3,000원		3,000원
3월 22일(일)	일주일 용돈	13,000원		16,000원
3월 24일(화)	핫도그		2,000원	14,000원
3월 25일(수)	저축		3,000원	11,000원

> 홈 아르바이트를 해 보니 돈 벌기가 쉽지 않다는 걸 깨달았어. 앞으로는 용돈을 아껴 써야겠어.

필요한 물건을 사거나 서비스를 이용하고 대가를 내는 방식은 여러 가지가 있어. 현금을 낼 수도 있고, 재인이 엄마처럼 신용 카드를 사용할 수도 있지.

신용 카드는 내가 쓴 돈을 카드 회사가 먼저 갚아 주고, 나는 정해진 날짜에 한 달 동안 쓴 돈을 모아 한꺼번에 카드 회사에 갚는 방식이야. 카드 회사가 개인의 신용, 그러니까 갚을 능력을 믿고 한 달 동안 돈을 빌려주는 거지. 그래서 신용 카드는 아무나 가질 수 없어.

신용 카드 회사는 소득이 있거나 재산 있어서 돈을 갚을 능력이 있는 사람에게만 신용 카드를 발급해.
아무래도 돈을 벌지 않는 어린이는 신용 카드를 가질 수 없겠지?

그런데 사람들은 왜 신용 카드를 많이 쓸까? 빚지는 게 좋은 건 아닐 텐데 말이야.

 신용 카드를 사용하면 좋은 점이 몇 가지 있어.

첫째, 편리하고 빠르게 결제할 수 있어.

지금 당장 현금이 없어도 학원비나 병원 진료비, 또는 물건값을 신용 카드로 쉽고 빠르게 결제할 수 있어. 결제는 거래에 필요한 돈을 내는 일이야. 내가 신용 카드로 결제하면 카드 회사가 먼저 돈을 내고 나는 천천히 카드 회사에 돈을 갚으면 돼.

둘째, '할부 결제'가 가능해.

할부는 돈을 여러 번 나누어 낸다는 뜻이야. 신용 카드에는 할부 기능이 있는데, 큰돈을 쓸 일이 있을 때 신용 카드로 결제하고 3개월이나 6개월 혹은 그 이상 긴 기간 동안 돈을 나눠서 갚으면 돼. 얼핏 들으면 좋은 기능 같지만 자칫 과소비를 할 수도 있고, 이자도 내야 하기 때문에 신중하게 결정해야 해.

셋째, 신용 점수를 높일 수 있어.

신용 카드를 쓰고 정해진 날에 돈을 꼬박꼬박 잘 갚으면, 약속을 잘 지키는 사람으로 평가해서 신용 점수를 높여 줘. 이 점수가 높으면 은행에서 돈을 빌릴 때 유리해.

신용 카드처럼 현금 대신 결제할 수 있는 체크 카드도 있어.

체크 카드는 카드로 결제한 즉시 통장에서 결제 금액이 빠져나가. 현금을 들고 다닐 필요가 없어서 간편하지. 또 통장에 돈을 쓴 내용이 남아서 돈 관리에 도움이 돼.

체크 카드는 통장에 있는 돈 만큼만 결제하기 때문에 신용 카드처럼 복잡한 발급 기준이 없어. 어린이도 부모님의 허락을 받으면 얼마든지 쓸 수 있으니까 용돈 관리를 체크 카드로 해 봐도 좋아.

신용 카드가 어떻게 생겼는지 살펴볼까?

신용 카드는 가로 8.6cm×세로 5.4cm로, 앞면과 뒷면에 여러 정보를 담고 있어.

신용 카드의 앞면에 포함된 정보

- 신용 카드의 정보를 담은 IC칩
- 카드 소유자의 이름
- 신용 카드를 발급한 회사의 로고
- 신용 카드의 고유번호: 카드 회사에 따라서 14~16자리로 구성
- 신용 카드의 종류
- 카드를 사용할 수 있는 기간 2025년 7월까지

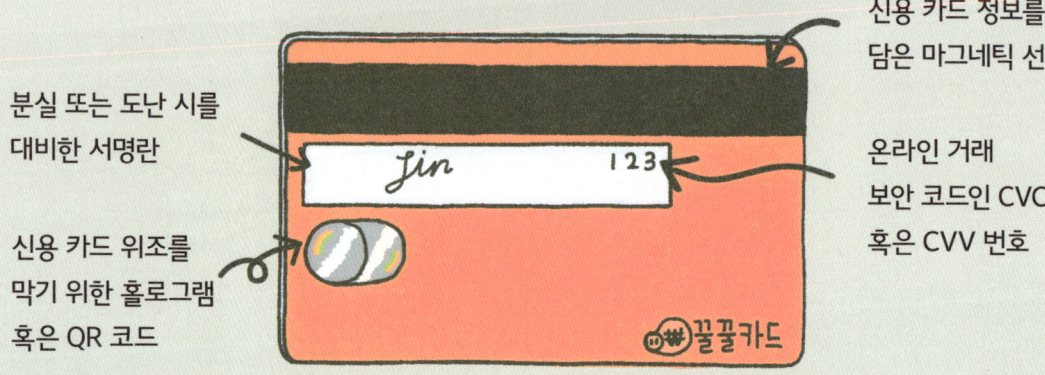

신용 카드 뒷면에 포함된 정보

- 분실 또는 도난 시를 대비한 서명란
- 신용 카드 위조를 막기 위한 홀로그램 혹은 QR 코드
- 신용 카드 정보를 담은 마그네틱 선
- 온라인 거래 보안 코드인 CVC 혹은 CVV 번호

재인이의 용돈 기입장

날짜	내용	들어온 돈	나간 돈	남은 돈
3월 15일(일)	일주일 용돈	10,000원	–	10,000원
3월 15일(일)	지수 생일 선물	–	4,000원	6,000원
3월 17일(화)	떡볶이	–	2,000원	4,000원
3월 19일(목)	컵 빙수	–	3,000원	1,000원
3월 20일(금)	용돈 재협상	3,000원	–	4,000원
3월 21일(토)	빵		2,000원	2,000원
3월 21일(토)	홈 아르바이트	1,000원	–	3,000원
	결산	14,000원	11,000원	3,000원
3월 22일(일)	지난주 남은 돈	3,000원		3,000원
3월 22일(일)	일주일 용돈	13,000원		16,000원
3월 24일(화)	핫도그		2,000원	14,000원
3월 25일(수)	저축		3,000원	11,000원
3월 26일(목)	아이스크림		1,000원	10,000원

나도 체크 카드를 써 볼까? 편리할 거 같아. 그런데 잃어버리면 어떡하지? 용돈을 서랍에다 두고 필요한 만큼만 현금을 가지고 다닐까?

12. 태블릿 PC를 갖고 싶어요

지수에게 편지를 받았다. 예쁜 그림도 있고 글씨도 알록달록했다. 지수가 태블릿 PC로 그린 거라고 했다. 나도 태블릿 PC를 갖고 싶다. 얼마쯤 하는지 찾아보니 가장 싼 게 30만 원 정도였다. 엄마는 내가 스스로 5개월 동안 10만 원을 모으면 특별 이자 20만 원을 보태 주신다고 했다.
내가 10만 원이나 저축할 수 있을까?

태블릿 PC, 자전거, 게임기처럼 비싼 물건을 사고 싶을 땐 어떻게 해야 할까? 하늘에서 돈이 짠! 하고 떨어지면 좋겠지만 그럴 리가 없지.

이럴 땐 목표를 정하고, 계획을 세워서 돈을 모아야 해. 재인이는 10만 원을 5개월 안에 모아야 하니까 한 달에 2만 원씩 저축하면 돼.

재인이는 통장을 하나 더 만들기로 했어!
바로 정기 적금이야! 정해진 돈을 정기적으로 통장에 넣는 방식이지.

날짜와 기간을 정하고 약속한 돈을 은행에 저축하면 은행은 돈을 모아 줄 뿐만 아니라 대가로 이자도 줘. 돈이 얼마나 있는지도 바로 확인할 수 있고 이자까지 받으니 돼지 저금통에 저축하는 것보다 돈을 더 잘 모을 수 있겠지?

재인이와 함께 정기 적금을 시작해 볼까? 재인이는 한 달에 2만 원을 통장에 넣어야 하니까 일주일에 5000원을 모아야 해. 용돈을 아껴 쓰고 홈 아르바이트를 하면 이 정도는 모을 수 있겠지?

한 달에 2만 원씩 은행에 저축하면 어떻게 될까? 5개월 동안 2만 원씩 적금을 넣으면 10만 원이 모이고 거기에 은행에서 주는 이자가 붙어. 이자가 얼마나 붙는지 볼까?

한 달 저축 금액	저축 기간	저축 총액	이자(5%)	이자 포함 총액
20,000원	5개월	100,000원	1,250원	101,250원
20,000원	1년(12개월)	240,000원	6,500원	246,500원
20,000원	2년(24개월)	480,000원	25,000원	505,000원

이번에는 저축 금액을 줄이고 기간을 늘려 보자.

한 달 저축 금액	저축 기간	저축 총액	이자(5%)	이자 포함 총액
10,000원	3년(36개월)	360,000원	27,750원	387,750원
30,000원	1년(12개월)	360,000원	9,750원	369,750원

1만 원씩 3년을 모으면 36만 원! 3만 원씩 1년을 모은 돈도 36만 원!

하지만 이자는 1만 원씩 3년을 모은 게 더 많아!

같은 돈이더라도 저축한 기간이 길수록 이자가 더 많아져.

어때? 하루라도 빨리 저축을 시작해야겠지?

우리도 목표를 이루기 위해 저축 계획을 세워 볼까?

1. 목표 정하기

돈을 모아서 무엇을 하고 싶은지 뚜렷한 목표를 정해. 재인이처럼 갖고 싶은 물건이 될 수도 있고, 여행을 가거나 부모님 생신 선물이 목표가 될 수도 있어.

목표를 이루는 데 총 얼마가 필요한지 알아보고 정확한 금액도 확인해. 어느 정도 기간 동안 얼마씩 저축해야 하는지도 미리 계산해 봐.

인터넷에 있는 '이자 계산기'를 이용하면 편리해.

2. 용돈 기입장 확인하기

용돈 기입장을 보고 돈을 아낄 수 있는 부분이 어디인지, 저축을 늘릴 수 있는지 파악해.

아끼는 것만으로 충분하지 않으면 홈 아르바이트를 해도 좋겠지?

3. 저축 계획 정리하기

이렇게 쓴 저축 계획표를 잘 보이는 곳에 붙여 놓고 목표를 이룰 때까지 잘 지켜 보자!

재인이의 용돈 기입장

날짜	내용	들어온 돈	나간 돈	남은 돈
3월 15일(일)	일주일 용돈	10,000원	-	10,000원
3월 15일(일)	지수 생일 선물	-	4,000원	6,000원
3월 17일(화)	떡볶이	-	2,000원	4,000원
3월 19일(목)	컵 빙수	-	3,000원	1,000원
3월 20일(금)	용돈 재협상	3,000원	-	4,000원
3월 21일(토)	빵	-	2,000원	2,000원
3월 21일(토)	홈 아르바이트	1,000원	-	3,000원
	결산	14,000원	11,000원	3,000원
3월 22일(일)	지난주 남은 돈	3,000원	-	3,000원
3월 22일(일)	일주일 용돈	13,000원	-	16,000원
3월 24일(화)	핫도그	-	2,000원	14,000원
3월 25일(수)	저축	-	3,000원	11,000원
3월 26일(목)	아이스크림	-	1,000원	10,000원
3월 27일(금)	태블릿 PC 적금	-	5,000원	5,000원

태블릿 PC 적금을 시작했어. 엄마와 한 약속을 지켜서 꼭 사고 말겠어!

13. 세뱃돈은 어디에 있을까?

100만 원, 500만 원, 1000만 원! 이렇게 큰돈을 목돈이라고 해. 세뱃돈처럼 한꺼번에 큰돈이 생기면 그동안 용돈으로는 할 수 없었던 것이 떠오르면서 당장에라도 써 버리고 싶을 거야!

하지만 살다 보면 돈이 많이 필요한 순간이 정말 많아. 대학에 가서 공부하거나, 차나 집을 살 때처럼 목돈이 필요할 때가 있지! 사고가 나거나 병에 걸려 수술을 해야 할 때도 목돈이 필요해.

사람들은 그럴 때를 대비해서 차곡차곡 돈을 모으고 또 모은 목돈은 필요할 때를 대비해서 보관해 둬. 안전한 곳에 현금을 보관하기도 하지만 위험하니까 보통 은행에 통장을 만들어서 따로 관리를 하지.

목돈을 한꺼번에 맡기는 예금을 정기 예금이라고 해. 목돈을 모았는데 지금 바로 쓰지 않아도 되면 한꺼번에 은행에 맡기는 거야. 은행은 안전하게 보관해 주고, 맡기는 금액과 기간에 따라 이자도 줘.

목돈을 관리하는 방법은 정기 예금 말고도 여러 가지가 있어. 나중에 내 집 마련을 위해서 주택 청약 예금을 들 수도 있고, 정기 적금처럼 한 달에 얼마씩 저축하듯이 투자를 할 수 있는 적립식 펀드 통장도 있어. 보통 예금 통장과 비슷하지만 매일 이자를 받을 수 있는 파킹 통장도 있어.

목돈은 당장 쓸 돈이 아니니까 목표나 금액, 상황에 따라 여러 종류의 통장을 만들어서 나눠 맡겨도 돼.

그런데 말이야, 만약에 목돈을 맡긴 은행이 망하면 내 돈은 어떻게 될까? 사라지면 어쩌지?

걱정하지 마. 이럴 때를 대비해서 예금자 보호 제도라는 게 있어! 저축한 원금과 이자를 포함해서 5000만 원까지 보호해 주는 제도야. 저축한 돈이 5000만 원보다 적으면 은행이 망하더라도 다 돌려받을 수 있어!
어때? 이젠 안심하고 은행에 저축할 수 있겠지?

14. 어떤 태블릿 PC를 살까?

드디어 재인이가 태블릿 PC를 사러 갔구나! 정말 기쁘겠다. 그런데 조금 복잡해 보이네. 제품 종류도 많고 가격도 천차만별이라 그래. 비싼 물건인 만큼 현명한 쇼핑을 해야겠지? 그러려면 여러 가지를 비교해 봐야 해. 재인이가 살 태블릿 PC를 살펴볼까?

	전자기기 상점	마트 전자기기 코너	온라인 쇼핑몰 A	온라인 쇼핑몰 B
가격	300,000원	292,000원	289,000원	280,000원
특징	직접 만져 볼 수 있음 바로 가져올 수 있음 보호 필름 증정	직접 만져 볼 수 있음 바로 가져올 수 있음 집에서 가까움	할인 쿠폰 사용 A쇼핑몰 한정 특별 색깔 출시	할인율이 가장 높은 쿠폰을 줌
기타			배송 1일 소요	배송 2일 소요

가격도, 특징도 모두 다른데 어떤 걸 선택해야 할까? 직접 물건을 만져 보고 싶으면 전자기기 상점이나 마트를 가면 되고, 쿠폰을 사용해서 조금 더 저렴하게 사고 싶으면 A쇼핑몰, 배송은 조금 더 걸리지만 가장 저렴한 B쇼핑몰을 선택할 수도 있어.

> 사람마다 기준이 다르니까 정답은 없지만 후회 없는 선택을 하려면 몇 가지 과정이 필요해.

1. 제품 결정하기

먼저 태블릿 PC의 가격과 기능, 수리 방법 등을 고려해서 제품을 두어 개 골라. 광고나 사용 후기, 부모님의 조언을 참고하면 되는데, 정보를 모을 때 과장되거나 거짓인 부분이 있는지 주의해야 해.

2. 판매처와 가격 정보 모으기

어떤 제품을 살지 결정했으면, 판매처와 가격 정보도 모아야 해. 대체로 매장은 비싸지만 직접 가서 보고 바로 살 수 있어. 온라인 쇼핑몰은 저렴하지만 직접 볼 수 없고 배송도 기다려야 하지.

3. 나만의 선택 기준 정하기

나는 어떤 점을 중요하게 생각할까?
사람마다 중요하게 생각하는 것,
만족감을 느낄 수 있는 부분이 달라.
나만의 선택 기준을 세워 두면
물건을 조금 더 쉽고 빠르게 고를 수 있어.

4. 마지막으로 꼼꼼하게 비교하고 선택하기

이렇게 모은 정보를 나만의 선택 기준에 따라 꼼꼼하게 비교해서
가장 좋은 것을 선택하면 끝! 신중하게 생각해서 고른 물건이니까
더 소중하게 다룰 수 있겠지?

물건을 살 때 다른 사람이 가지고 있다고 해서 무조건 따라
사거나, 다른 사람에게 보여 주기
위해서 혹은 충동적으로 물건을
고르면 안 돼. 정보를 수집하고
나만의 기준으로 꼼꼼하게
비교해서 현명한 선택을 하길 바라.

15. 친구에게 돈을 빌려줬어요

혹시 친구가 돈을 빌려 달라고 해서 고민했던 적 있니?
친구가 약속대로 돈을 갚으면 좋겠지만 그러지 못할 수도 있어.
우정을 위해서 빌려줬는데 친구가 갚지 못하면, 그 친구에 대한
믿음이 없어지고 결국 돈 때문에 우정이 깨질 수도 있어!

이렇게 친구에 대한 믿음이 없어지는 걸 신용이 떨어졌다고 해.
한번 떨어진 신용은 다시 올리기가 힘들어. 신용이 없는 친구가
무슨 말을 해도 믿기 힘들고 의심부터 하게 될 테니까.

그럼, 친구가 돈을 빌려 달라고 할 때는 어떻게 해야 할까?

돈은 빌리지도 않고 빌려주지도 않는 게 좋아.

돈이 필요할 땐 친구가 아니라 부모님께 부탁해야 해.

신용이 떨어질 일을 처음부터 만들지 않는 거지.

원칙
돈을 빌리지도 않고 빌려주지도 않는다!

하지만 학교 준비물을 사야 하는데 깜빡하고

지갑을 놓고 왔거나, 당장 버스를 타야 하는데

교통 카드 충전을 못해서 곤란한 경우는 어쩌지?

친구의 곤란한 상황을 알면서 모른 척하면 안 돼.

친구에게 돈이 꼭 필요한 경우에는 돈을 빌려주고 언제까지

돌려받을지 꼭 약속을 받아야 해.

예외
꼭! 필요하고 바로 갚을 수 있는
상황일 경우 받을 날짜 정하고
빌려준다.
▶ 학교 준비물을 사야 하는데
지갑을 놓고 왔을 때
▶ 교통 카드 충전을 깜빡했는데
버스를 타고 이동해야 할 때

깜빡하고 지갑을 놓고 왔어.

내가 빌려줄게.

반대로 내가 어쩔 수 없이 돈을 빌렸을 때는 용돈 기입장에 메모해 뒀다가 약속한 날짜까지 꼭 갚아야 해!

용돈이 다 떨어져서 돈을 갚을 수 없을 땐 어떻게 해야 할까?

안 갚으면 친구와의 약속을 못 지키는데 말이야. 그럴 땐 부모님께 사실대로 말하고 도움을 요청해.

부모님께 받은 돈은 어떻게 해야 할까? 용돈 계획을 지키지 못해서 생긴 일이니까 스스로 책임을 지는 게 좋겠지? 그러니까 다음 주 용돈을 그만큼 빼고 받아.

그러면 또 용돈이 부족해져서 다시 부모님 도움을 받아야 할 수도 있다고? 물론, 그럴 수도 있지. 홈 아르바이트를 해서 부모님께 갚도록 노력해 봐.

어때, 돈을 한 번 빌리니까 아주 곤란하지? 그러니까 처음부터 용돈을 계획대로 잘 써서 돈을 빌리는 일이 생기지 않도록 해야 해.

16. 기부를 하고 싶어요

9월 10일 목요일　　오늘의 기분

속보　가수 '티니티니' 1억 원 기부

오늘 TV에서 티니티니 언니들이 아픈 어린이를 위해 1억 원을 기부했다는 뉴스를 봤다.
깜짝 놀랐다. 다른 사람을 위해 1억 원이나 쓰다니!
돈이 아무리 많아도 남을 위해 큰돈을 쓰기는 쉽지 않을 텐데 티니티니 언니들이 멋있다는 생각이 들었다.
나도 티니티니 언니들처럼 기부를 해 보고 싶다.

사람들은 왜 기부를 할까?

기부는 대단한 일이야. 돈은 세상을 바꿀 수 있는 힘을 가지고 있어.

사람의 생명을 구할 수도 있고 환경을 깨끗하게 만들 수도 있지.

여러 사람의 안전을 지키는 일도 할 수 있어.

돈은 나를 위해서 쓸 수도 있지만 우리가 원하는 세상을 만들기

위해, 다른 사람을 위해서도 쓸 수 있어. 기부가 그런 일을 해.

뉴스에서 본 것처럼 큰돈을 기부해야 의미가 있는 건 아니야.

적은 돈이라도 기부하는 사람들이 많이 모이면 큰돈이 되고

얼마든지 가치 있는 일을 만들어 낼 수 있어.

우리도 직접 기부를 시작해 볼까?

기부할 수 있는 곳은 다양하니까 내가 기부하고 싶은 곳을 직접 찾아보자!

1. 기부할 곳 찾기

기부가 필요하다고 생각되는 곳을 생각해 봐.

유기 동물 구조 단체, 아픈 어린이 돕기, 지구 환경 지키기, 장애인 단체 등 다양한 곳이 있어.

2. 관련 단체의 활동 내용 확인하기

홈페이지에 들어가면 기부금으로 어떤 활동을 하는지 알 수 있어. 꼼꼼하게 살펴보고, 내가 생각한 기부 목적에 맞는지 확인해.

```
굿네이버스 https://www.goodneighbors.kr
초록우산 어린이재단 https://www.childfund.or.kr/
국경없는의사회 https://msf.or.kr/
세이브더칠드런 https://www.sc.or.kr/
유니세프 https://www.unicef.or.kr/
세계자연기금 https://www.wwfkorea.or.kr/

더 다양한 기부할 곳을 알아보고 싶다면
아래 사이트에 들어가 보기!
1365 기부포털 https://www.nanumkorea.go.kr/
```

내가 내는 소중한 기부금이 제대로 쓰여야겠지? 단체가 하는 활동을 자세히 살펴봐. 똑같이 어린이를 돕는 단체도 활동은 다를 수 있어. 우리나라 어린이를 돕기도 하고, 외국 어린이를 돕기도 하지. 교육을 지원하는 단체도 있고, 아픈 어린이를 치료하는 일에 집중하는 단체도 있어.

3. 기부할 곳 선정하기

어디에 기부할지 정하기가 어려울 수도 있어. 다들 열심히 좋은 활동을 하는데 한 군데만 고르려니 어렵지? 정답은 없어. 곰곰이 생각해 보고 가장 마음에 드는 곳을 골라.

어디를 고르든 기부는 훌륭한 일이야.

4. 기부 방법과 금액 정하고 기부 시작하기

기부를 하는 방법은 한 달에 한 번씩 정기적으로 하는 기부, 일시적으로 한 번만 하는 기부가 있어.

정기적 기부를 결심할 땐 신중해야 해. 다달이 일정한 돈을 내는 건 꽤나 어려운 일이야. 중간에 기부를 멈추면 도움을 받는 곳도 다른 기부를 기다려야 하는 상황이 생길 수 있으니 신중하게 결정해야 해! 당장은 정기적 기부가 부담스럽다면 여유가 될 때마다 한 번씩 기부를 하는 일시적 기부를 먼저 시작해 봐. 용돈 상황에 맞게 무리하지 않고 기부할 수 있는 방법을 찾았으면 부모님과 함께 기부를 신청해.

17. 용돈을 어떻게 썼는지 결산해요

우리가 용돈을 관리해 온 과정을 살펴볼까?

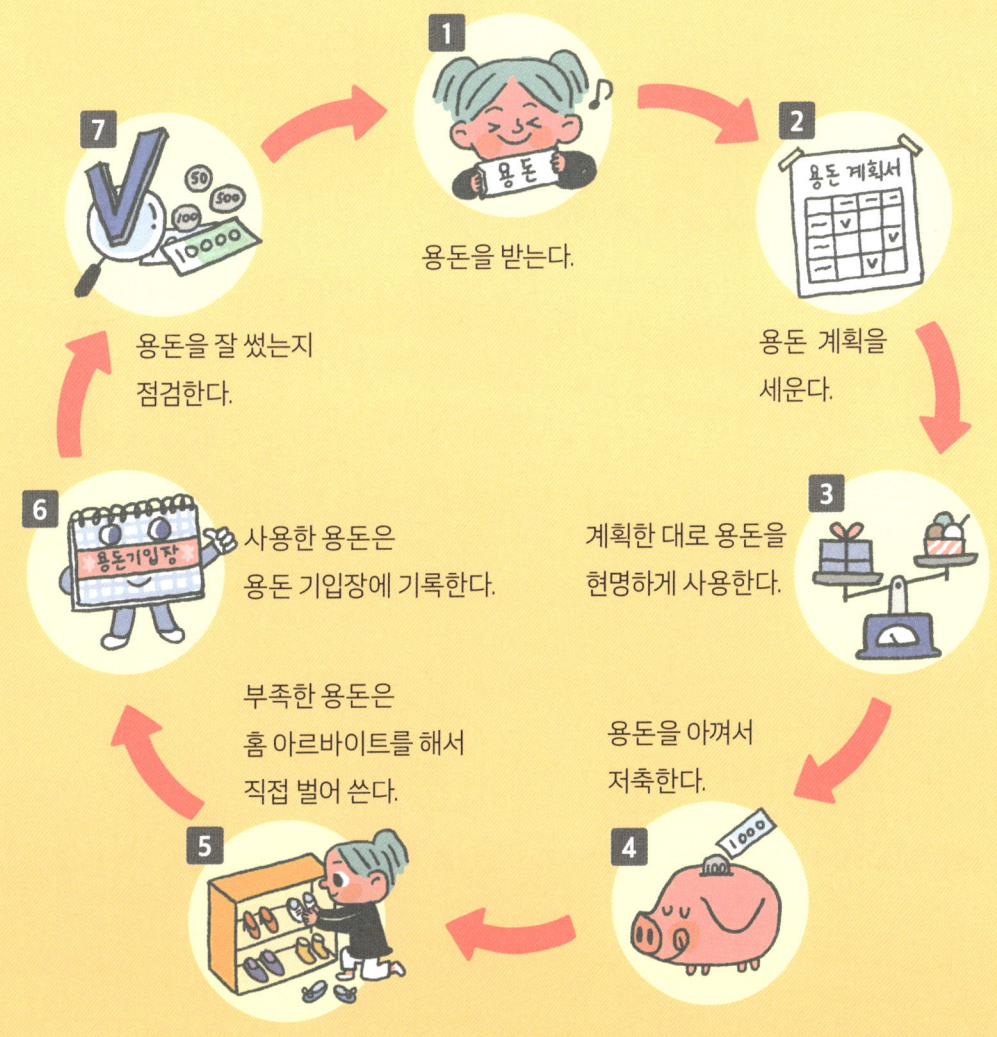

돈을 쓰는 것도 연습이 필요해. 이런 과정을 반복하면서 용돈을 관리하면 어른이 되어서도 돈 관리를 잘하게 될 거야!

지금까지 용돈 관리를 어떻게 했는지 결산해 볼까?

	받은 용돈	홈 아르바이트	특별 용돈	지출	저축	태블릿 PC 저축	기부
3월	49,000원	3,000원	5,000원	34,000원	18,000원	5,000원	0원
4월	52,000원	7,000원	0원	39,000원	0원	20,000원	0원
5월	52,000원	15,000원	10,000원	45,000원	12,000원	20,000원	0원
6월	52,000원	20,000원	0원	50,000원	2,000원	20,000원	0원
7월	52,000원	18,000원	0원	48,000원	2,000원	20,000원	0원
8월	52,000원	20,000원	10,000원	52,000원	15,000원	15,000원	0원
9월	52,000원	21,000원	15,000원	53,000원	25,000원	0원	10,000원
10월	52,000원	3,000원	0원	45,000원	10,000원	0원	0원
11월	52,000원	5,000원	0원	46,000원	11,000원	0원	0원
12월	52,000원	10,000원	0원	44,000원	8,000원	0원	10,000원
합계	517,000원	122,000원	40,000원	456,000원	103,000원	100,000원	20,000원
평균	51,700원	12,200원	4,000원	45,600원	10,300원	10,000원	2,000원

그동안 썼던 용돈 기입장을 보고 월별로 '받은 용돈',
'홈 아르바이트', '특별 용돈'을 항목별로 합해서 돈이 얼마나
들어왔는지 정리해. 재인이는 3월부터 12월까지 용돈 51만 7000원,
홈 아르바이트 12만 2000원, 특별 용돈 4만 원, 총 67만 9000원이
들어왔어.

다음은 용돈 기입장의 '나간 돈' 항목을 보고 돈을 얼마나 썼는지
정리해. 재인이는 열 달 동안 45만 6000원을 썼어. 한꺼번에 정리해
보니 생각보다 돈을 많이 쓴 것 같지?

그래도 저축도 10만 3000원이나 했고, 태블릿 PC 정기 적금도
성공했어. 기부도 2만 원이나 했고. 용돈만으로는 부족했을 텐데 홈
아르바이트를 해서 태블릿 PC도 사고 기부도 성공할 수 있었어.

월별로 나누어 평균을 계산해 보면 용돈 계획을 잘 지켰는지 잘 볼
수 있어. 우리도 재인이처럼 용돈 결산을 해 볼까?

재인이는 용돈 생활을 시작한 지 얼마 되지 않았지만 용돈 관리를 아주 훌륭하게 해 냈어. 재인이 엄마는 재인이 스스로 용돈을 관리할 수 있다고 판단했어. 내년부터는 세뱃돈도 직접 관리해 보기로 했지.

열 달 동안 저축한 10만 3000원에 세뱃돈까지, 이렇게 큰 목돈은 어떻게 관리하면 좋을까? 정기 예금 통장을 만들어서 저축할 수도 있고, 돈을 불리는 투자에 도전해 볼 수도 있어. 재인이가 어떻게 목돈을 관리할지 다음 일기에서 지켜보지 않을래?

어린이 실전 경제 시리즈

나의 용돈 일기
용돈 초보 재인이 용돈 관리 박사가 되다

초판 1쇄 발행 2024년 2월 15일
초판 2쇄 발행 2024년 5월 1일

글 황지영 박미진 장지영 · **그림** 이창희
펴낸이 이선아 신동경 · **디자인** 진보라
펴낸곳 판퍼블리싱 · **출판등록** 2022년 9월 21일 제2022-000007호
주소 서울시 마포구 연남로3길 73-6 2층 · **이메일** panpublishing@naver.com

© 황지영 박미진 장지영 이창희, 2024

ISBN 979-11-983600-3-8 74300
ISBN 979-11-983600-5-2(세트)

* 책값은 뒤표지에 있습니다.
* 잘못 만들어진 책은 구입하신 서점에서 교환해 드립니다.
* 이 책은 저작권법에 의하여 보호를 받는 저작물이므로 무단 전재와 복제를 금합니다.